Antje Straube

Softwareprozesse und Projektmanagement - Reviews/Inspections

GRIN Verlag

Bibliografische Information der Deutschen Nationalbibliothek:

Die Deutsche Bibliothek verzeichnet diese Publikation in der Deutschen National-
bibliografie; detaillierte bibliografische Daten sind im Internet über http://dnb.d-
nb.de/ abrufbar.

Impressum:

Copyright © 2005 GRIN Verlag GmbH
Druck und Bindung: Books on Demand GmbH, Norderstedt Germany
ISBN: 978-3-638-79259-2

Dieses Buch bei GRIN:

http://www.grin.com/de/e-book/58976/softwareprozesse-und-projektmanagement-
reviews-inspections

GRIN - Your knowledge has value

Der GRIN Verlag publiziert seit 1998 wissenschaftliche Arbeiten von Studenten, Hochschullehrern und anderen Akademikern als eBook und gedrucktes Buch. Die Verlagswebsite www.grin.com ist die ideale Plattform zur Veröffentlichung von Hausarbeiten, Abschlussarbeiten, wissenschaftlichen Aufsätzen, Dissertationen und Fachbüchern.

Besuchen Sie uns im Internet:

http://www.grin.com/

http://www.facebook.com/grincom

http://www.twitter.com/grin_com

Technische Universität Ilmenau

Fakultät für Informatik und Automatisierung

Institut für Praktische Informatik und Medieninformatik

Fachgebiet Softwaretechnik und Programmiersprachen

Hauptseminar Informatik

im SS 2005

Themenbereich „Softwareprozesse und Projektmanagement"

Reviews / Inspections

Vorgelegt von:

Antje Straube

INHALT

1 Einleitung

1.1 Aufgabenstellung

Programme werden aus einer Vielzahl von Gründen heraus geschrieben. Hierbei beschränkt sich die Bandbreite der Entwickler teilweise nicht nur auf Angestellte oder Kleinunternehmer, die direkt oder indirekt vom Vertrieb ihrer Software leben, sondern auch auf all jene, die ein Programm hauptsächlich aus dem Grund heraus schreiben, sich das Leben ein wenig leichter zu machen oder einfach nur effektiver arbeiten zu können.

„Vor allem dort, wo aus gutem Grunde nur von Programmen, nicht von Software gesprochen wird, besteht oft nicht der Wunsch oder die Möglichkeit, systematische Prüfungen durchzuführen"[1]. Ob dieses gängige Vorgehen, also der Verzicht auf eine eingehende Prüfung der entwickelten Programme, sinnvoll ist oder eher als leichtsinnig bzw. fahrlässig angesehen werden sollte, bleibt offen. Fest steht jedoch, dass geprüfte Software überall dort, wo sie wirklich gebraucht wird, weniger Probleme verursacht und damit letzten Endes auch geringere Kosten erzeugt.[2]

Die Software-Prüfung ist somit als wichtiges Instrument im Rahmen des Software-Engineering anzusehen. Wie aber lässt sich eine solche Prüfung der Software in der Realität verwicklichen? Welche Möglichkeiten stehen zur Verfügung, um eine Software möglichst effektiv zu prüfen und entstehende Kosten so gering wie möglich zu halten?

Mit eben diesen Fragestellungen will sich die vorliegende Arbeit auseinander setzen. Dabei werden sich die Ausführungen jedoch auf einen Teilbereich der Software-Prüfung – die Reviews – konzentrieren. Im Verlauf dieser Abhandlung soll die Frage geklärt werden, wie Inspektionen richtig eingesetzt werden und welche Hindernisse eventuell auftreten können.

1.2 Vorgehensweise

Ausgehend von einer einführenden Begriffserklärung wird sich die vorliegende Arbeit im folgenden damit beschäftigen, was ein Review bzw. eine Inspektion grundsätzlich

[1] Frühauf, Ludewig, Sandmayr / Software-Prüfung / 14
[2] Vgl. Frühauf, Ludewig, Sandmayr / Software-Prüfung / 14

auszeichnet und welche Vorteile diese Methode der Softwareprüfung gegenüber dem Testen hat. Daran anschließend werden verschiedene Arten von Reviews beleuchtet. Dabei sollen die Unterschiede und deren jeweilige Vor- bzw. Nachteile genauer betrachtet werden. Ein Hauptteil dieser Arbeit wird sich mit der Frage beschäftigen, welche Hindernisse bei der Durchführung von Reviews auftreten können und welche Wege es gibt, um diesen Hindernissen möglichst aus dem Weg zu gehen.

Abschließend soll ein kurzes Fazit zusammenfassend Aufschluss über die aufgeworfenen Fragestellungen geben und dem Leser alle in der Arbeit aufgegriffenen nochmals gebündelt vor Augen führen.

1.3 Begriffserklärung

In diesem Kapitel sollen einige grundlegende Begriffe definiert werden, auf die im weiteren Verlauf der Arbeit immer wieder zurückgegriffen wird. Die Definitionen stammen, soweit dies möglich war, aus den gleichen Quellen.

„Software bezeichnet alle nichtphysischen Funktionsbestandteile eines Computers. Dies umfasst vor allem Computerprogramme sowie die zur Verwendung mit Computerprogrammen bestimmten Daten. […] Software umfasst auch Dokumentationen, Handbücher und wird gelegentlich bis in die Schulungen und die Supportleistungen begrifflich geführt. Software wird häufig im Gegensatz zu Hardware gesetzt, welche den physischen Träger bezeichnet, auf dem Software existiert und funktioniert, und allein mit Hilfe dessen sie ihre Funktion erfüllen kann.[3]"

Unter einem Fehler wird „eine Abweichung von einem optimalen oder normierten Zustand oder Verfahren[4]" verstanden. Tritt ein Fehler in einer Software auf, wird dieser als Programm- oder auch Softwarefehler bezeichnet. „Ein Programmfehler tritt in Computerprogrammen auf, wenn der Programmierer einen bestimmten Zustand in der Programmlogik nicht berücksichtigt hat, oder wenn die Laufzeitumgebung selber fehlerhaft arbeitet. Auch Unvollständigkeit, Fehler, Ungenauigkeiten, Mehrdeutigkeiten o.ä. in der Spezifikation des Programms können zu Bugs führen, bzw. als solche

[3] http://de.wikipedia.org/wiki/Software
[4] http://de.wikipedia.org/wiki/Fehler

interpretiert werden. Es gibt eine Regel, nach der ein Computerprogramm ab einer bestimmten Größe immer auch Programmfehler beinhaltet.[5]"

„Peer Review bezeichnet (allgemein) die Bewertung eines Objekts oder Prozesses durch unabhängige Gutachter, die sogenannten „Peers" (engl. für „Ebenbürtige")"[6].

Im Bereich der Softwareprüfung sind unter anderem die folgenden Begriffe von Bedeutung: Prüfling, Autor, Manager und Kollege.

Unter dem Prüfling wird dabei ein Software-Produkt oder Software-Bestandteil, der einer Prüfung unterzogen werden soll, verstanden.[7] Erstellt wurde der Prüfling durch den sogenannten Autor. Software entsteht in den meisten Fällen nicht ohne einen entsprechenden Auftrag. Eine entscheidende Rolle kommt dabei dem Manager, also jener Person zu, in deren Verantwortungsbereich der Prüfling erstellt wurde. Typischerweise wird als Manager der direkte oder indirekte Vorgesetzte des Autors oder die für die Freigabe des Prüflings zuständige Person, bezeichnet. Während der Manager dem Autor somit in einer hierarchisch übergeordneten Position gegenüber steht, bewegt sich ein Kollege normalerweise auf gleicher hierarchischer Ebene wie der Autor. Ihn kennzeichnet jedoch die Fähigkeit, dem Prüfling zumindest in Aspekten beurteilen zu können.

Die Begriffserklärungen sollen an dieser Stelle nicht weiter ausgebaut werden; sollten weitere spezielle Wendungen gebraucht werden, so erfolgt eine Definition an geeigneter Stelle.

[5] http://de.wikipedia.org/wiki/Programmfehler
[6] http://de.wikipedia.org/wiki/Peer-Review
[7] Vgl. Frühauf, Ludewig, Sandmayr / Software-Prüfung / 27

2 Inspektionen bzw. Reviews

2.1 Grundlagen und Abgrenzung

Grundsätzlich existieren zwei unterschiedliche Verfahren, um eine Software-Prüfung durchzuführen. Unterschieden werden dabei statische und dynamische Verfahren. Während die dynamischen Verfahren in Ausprägung von Tests den meisten Nutzern von Software wohl bekannt sein dürften, fristen Inspektionen bzw. Reviews ein eher unbeachtetes Dasein. Reviews sind statische Verfahren und bilden somit neben den Tests die zweite Gruppe möglicher Prüfverfahren für Software.

Während ein Test stets an den Rechner gebunden ist und somit bei weitem nicht alle Programmeigenschaften prüfen kann, vermag ein Review auch das beurteilen, was ein Rechner nicht „sieht".[8] Tests beschränken sich in der Regel auf den ausführbaren Quelltext des Programms. Dokumentationen, Spezifikationen, Handbücher etc. finden keine Beachtung. Reviews hingegen finden nicht am Rechner statt. Somit sind alle Beteiligten gezwungen, den Prüfling „per Hand" zu untersuchen. Einem Review sind somit grundsätzlich alle Programmteile zugänglich, die in schriftlicher Form vorgelegt werden können. Das grundlegene Prinzip eines Reviews beruht darauf, den Prüfling abseits der rechnergestützten Verarbeitung auf verschiedene Aspekte hin zu untersuchen. Ziel ist es dabei, ähnlich wie beim Testen, Fehler ausfindig zu machen und nicht etwa, diese zu beseitigen. Um die erfolgreiche Durchführung von Reviews gewährleisten zu können, ist die Einhaltung verschiedener formaler Vorschriften von Nöten, auf die im weiteren Verlauf der Arbeit noch eingegangen wird. Nachdem bereits einführend erläutert wurde, worin der wesentliche Unterschied zwischen Tests und Reviews besteht, sollen im Weiteren die entscheidenden Vorteile der Reviews gegenüber den dynamischen Prüfverfahren dargestellt werden.

---

[8] Vgl. Frühauf, Ludewig, Sandmayr / Software-Prüfung / 23

2.2 Reviews vs. Tests

Der wohl größte Vorteil der Reviews wurde bereits angesprochen, er besteht in der Möglichkeit, alle Entwicklungsergebnisse zu prüfen und keiner Beschränkung lediglich auf ausführbare Programmteile zu unterliegen. „Der Nutzen eines Software-Produkts ist bestimmt durch die Übereinstimmung zwischen Produkt und tatsächlichen Anforderungen sowie durch zusätzliche Leistungen und andere Eigenschaften, die nicht gefordert waren, aber als vorteilhaft empfunden werden.[9]" Die Entwicklung von Software verursacht Kosten, die sich nicht in die sogenannten Herstellungskosten und die Qualitätskosten unterteilen lassen. Für den Bereich der Softwareprüfung ist vor allem eine genauere Betrachtung der Qualitätskosten interessant, da diese „alle (zusätzlichen) Aufwendungen für das Verhüten, Erkennen, Lokalisieren und beheben von Fehlern sowie die eventuellen Folgekosten der Fehler, die erst im Betrieb auftreten[10]" umfassen. Das Fatale an Fehlerkosten ist, dass diese erst dann wirklich realistisch eingeschätzt werden können, wenn die Entwicklung der Software bereits abgeschlossen und das Programm ausgeliefert wurde. Die Investition in ausreichende Fehlerverhütungs- bzw. Prüfkosten ist somit auf lange Sicht gesehen in jedem Fall ratsam. Diese Erkenntnis wird umso mehr relevant, als dass es kein Geheimnis ist, dass insbesondere die Fehlerbehebungskosten „mit der Latenzzeit eines Fehlers exponentiell"[11] ansteigen. Wird ein Fehler also bereits in der Anforderungsanalyse gemacht, steigen die Kosten für dessen Behebung auf das Mehrfache an, wenn dieser nicht umgehend, sondern beispielsweise erst nach der Auslieferung behoben wird. Fehler in den frühen Phasen des Softwareentwicklungsprozesses haben also den höchsten Kostenanteil an den Fehlerbehebungskosten und sollten folglich auch bei Prüfungen eine besondere Beachtung finden. Mit Hilfe von Tests können aber genau solche Fehler erst sehr spät erkannt werden; „das Mittel für die Früherkennung der Fehler sind daher Reviews"[12]. Die Möglichkeit, alle Softwareartefakte einem Review zugänglich zu machen, trägt also dazu bei, Fehler bereits in frühen Phasen der Entwicklung ausfindig zu machen und verschafft Reviews hier einen entscheidenden Vorteil gegenüber der Softwareprüfung mit Hilfe von Tests.

---

[9] Frühauf, Ludewig, Sandmayr / Software-Prüfung / 17
[10] Frühauf, Ludewig, Sandmayr / Software-Prüfung / 17 f.
[11] Frühauf, Ludewig, Sandmayr / Software-Prüfung / 19
[12] Frühauf, Ludewig, Sandmayr / Software-Prüfung / 19

Neben dem Kostenargument sprechen noch einige andere Faktoren für den Einsatz von Reviews. Während ein Test zwar das Vorhandensein eines Fehlers aufdecken kann, vermag er nicht die Fehlerursache aufzuzeigen. Die Lokalisierung der Fehlerursache stellt damit nicht selten ein weitaus größeres Problem dar, als die eigentliche Beseitigung des Fehlers.[13] Ein Review stößt hingegen gleichzeitig auf Fehler und Fehlerursache. Die Behebung des Fehlers kann umgehend in der sich an das Review anschließenden Nacharbeitszeit behoben werden.

Da allerdings auch Reviews nicht frei von Nachteilen sind, sollte in keinem Fall der Eindruck erweckt werden, dass Tests komplett zu ersetzen seien. Vielmehr sollten Reviews zusätzlich zu Tests eingesetzt werden, um die volle Bandbreite der Softwareprüfung ausnutzen zu können und immer die Möglichkeit zu haben, das richtige und effektivste Instrument auswählen zu können.

2.3 Besondere Merkmale von Reviews und Review-Arten

In der Literatur existieren zum Teil keine klaren Definitionen des Begriffs Review bzw. Inspektion. Dementsprechend unterschiedlich fallen auch die Darstellungen diverser Unterarten des Reviews aus. Während bei Frühauf, Ludewig und Sandmayr (2004) der Begriff Inspektion gar nicht aufgegriffen wird, machen Gilb und Graham (1993) ihre eigene Auffassung von Inspektionen zum Thema eines kompletten Buches. Die Ausführungen dieser Arbeit werden sich ausschließlich auf die Darstellung in Wiegers (2002) beziehen.

Reviews lassen sich danach aufgrund ihres Formalisierungsgrades oder aufgrund ihres Grades an Flexibilität bzw. Disziplin klassifizieren. Die Bandbreite reicht hierbei von der formellen Inspektion bis hin zum informellen Ad Hoc Review. Dabei ist allen formellen Review-Typen, wie z.B. der Inspektion, einiges gemeinsam: Unter Beteiligung eines geschulten Teams werden in einem Review definierte Zielsetzungen verfolgt. Die Leitung eines formellen Reviews obliegt stets einem für diese Aufgabe geeigneten Moderator. Auch den übrigen Teilnehmern eines Reviews werden bestimmte Rollen und Verantwortungsbereiche zugeteilt. Der Ablauf eines jeden Reviews sollte dokumentiert werden; schon allein aus dem Grund, später an den jeweiligen Manager Bericht erstatten zu können. Reviews zeichnen sich des weiteren durch ein

---

[13]Vgl. Frühauf, Ludewig, Sandmayr / Software-Prüfung / 23

spezifiziertes Anfangs- bzw. Endkriterium aus. Fehler werden im Verlauf des Reviews bis zu ihrer Ursache verfolgt, nicht aber gleichzeitig behoben. Einen wichtigen Punkt bildet die Aufnahme von Prozess- und Qualitätsdaten im Verlauf des Reviews.[14] Zwar wird in der Literatur, beispielsweise bei Wiegers (2002) die Fehlerkorrektur zum Tätigkeitsbereich während eines Reviews gerechnet, doch sind viele andere Autoren eher der Auffassung, dass die Fehlerkorrektur im eigentlichen Sinne, wiederum dem Autor des Prüflings überlassen sein sollte. Ich schließe mich in diesem Punkt unter anderem Frühauf, Ludewig und Sandmayr (2004) und Software Quality Lab (http://www.software-quality-lab.at) an und gehe in meinen weiteren Ausführungen davon aus, dass die Fehlerkorrektur als eigenständige Handlung zu betrachten ist, die dem Autoren unterliegt und nicht im Rahmen eines Review zu erfolgen hat.

Im Folgenden soll auf einige Review-Arten näher eingegangen werden.

2.3.1 Inspektionen

Inspektionen werden als die am stärksten systematisierte Ausprägung von Reviews angesehen. In der Softwareindustrie gelten sie gleichzeitig als die beste Vorgehensweise. Weniger formelle Review-Methoden konnten sich einen solchen Status hingegen nicht verdienen. Inspektionen folgen einem mehrstufigen Prozess in dessen Verlauf allen Beteiligten spezielle Rollen zugewiesen werden.

Der spezifische Ablauf einer Inspektion soll an dieser Stelle nicht weiter thematisiert werden. Dies folgt im weiteren Verlauf der Arbeit, um anhand der Inspektion die prinzipiellen Bestandteile eines Review näher zu betrachten.
Ein wichtiges Kriterium für die Durchführung von Inspektionen ist die ausreichende Ausbildung der beteiligten Personen. Nur, wenn jedem Beteiligten klar ist, wie eine Inspektion abläuft und welche Regeln einzuhalten sind, kann davon ausgegangen werden, dass die vielfältigen Rollen in einem Review erfolgreich ausgefüllt werden können.
Verglichen mit anderen Review-Typen stellt die Inspektion den größten Umfang von Arbeitsergebnissen zur Verfügung. Es wird also ein sehr großer Teil der hergestellten Software-Teile in die Inspektion einbezogen. Inspektionen sind – was die Zahl der gefundenen Fehler angeht - wesentlich produktiver, als informelle Reviews.

---

[14]Vgl. Wiegers / Peer Reviews in Software / 32

So entdeckte beispielsweise ein Telekommunikations-Unternehmen durchschnittlich 16-20 Fehler pro Tausend Zeilen Code, während beim Einsatz informeller Reviews lediglich drei Fehler pro Tausend Zeilen Code ausfindig gemacht werden konnten.[15] Aufgrund ihrer großen Effektivität sollten Inspektionen vor allem bei jener Software verwendet werden, die als risikobehaftet angesehen werden kann. Hier kommt es ganz besonders darauf an, die Software von so vielen Fehlern, wie möglich, zu befreien.

2.3.2 Team Review

Team Reviews können als eine Art „Light-Variante" der Inspektionen angesehen werden. Zwar erfolgen auch Team Reviews geplant und strukturiert, jedoch sind sie weniger formell und rigoros, als Inspektionen. Ein Team Review erlaubt einer Gruppe qualifizierter Kollegen, darüber zu entscheiden, ob ein Softwareprodukt bereits für die Nutzung geeignet ist oder aber gegebenenfalls herauszuarbeiten, in welcher Beziehung das Produkt eben nicht den Anforderungen entspricht.
Team Reviews werden oftmals einfach nur als Review bezeichnet, jedoch tauchen auch andere Bezeichnungen auf, die eventuell für Verwirrung sorgen könnten.
In den Augen von Wiegers (2002) ist ein Team Review gleichzusetzen mit dem sogenannten strukturierten Walkthrough nach Edward Yourdon.
Zwar verursacht ein Team-Review mehr Kosten als beispielsweise ein einzelner Mitarbeiter, der sich mit dem Review des Prüflings befasst, jedoch steigt auch die Anzahl der gefundenen Fehler mit der Anzahl der verschiedenen Teilnehmer. Verschiedene Beteiligte werden unterschiedliche Fehler aufdecken, ausserdem bietet eine solche Vorgehensweise eine gute Lern-Möglichkeit für alle Beteiligten. Team Reviews folgen einem Großteil der Schritte, die auch einer Inspektion zugrunde liegen. So haben auch die Richtlinien und Prozesse der Inspektionen Gültigkeit für ein Team Review. Zwar existiert keine umfangreiche Literatur darüber, wie effektiv Team Reviews gegenüber Inspektionen sind, dennoch kann davon ausgegangen werden, dass mit Hilfe von Team Reviews etwa zwei Drittel der Fehler entdeckt werden, die eine Inspektion zu Tage gebracht hat. Team Reviews eignen sich damit vor allem für Software oder Teile davon, die nicht den kompletten formellen Ablauf einer Inspektion bedingen.

---

[15] Vgl. Wiegers / Peer Reviews in Software / 34

2.3.3 Walkthrough

Unter einem Walkthrough ist ein informelles Review zu verstehen, dessen Hauptkriterium darin besteht, dass der Autor der Software sein Produkt den anderen am Review beteiligten Personen vorstellt. Aufgrund dieser Präsentation werden dem Autor Hinweise auf eventuelle Fehler gegeben, die der Autor dann wiederum in seiner Nacharbeitszeit zu beseitigen hat.

Walkthroughs unterscheiden sich sehr stark von Inspektionen. Während es dem Autor in einer Inspektion untersagt ist, die Rolle des Moderators einzunehmen, kommt ihm im Walkthrough genau diese dominierende Rolle zu. Weitere Rollen von Beteiligten sind bei einem Walkthrough nicht definiert.

Wie bereits ausgeführt wurde, sollen Inspektionen vor allem dazu dienen, die Qualitätsansprüche des gesamten Teams zu verfolgen und umzusetzen. Walkthroughs hingegen unterstützen zum großen Teil lediglich die Ansprüche und Ziele des Autors.

Walkthroughs zählen zu den informellen Review-Mehtoden, da sie weder einem vorgeschriebenen Prozess folgen, noch ein festgelegtes Ausstiegskriterium besitzen oder die Berichterstattung an die Management-Ebene bedingen.

Die Tatsache, dass der Autor der Software während des Walkthroughs eine dominierende Rolle einnimmt, birgt die Gefahr, dass die Aufmerksamkeit der Beteiligten ganz bewusst von einem kritischen Arbeitsabschnitt abgewandt wird. Dieses Risiko und die Tatsache, dass Walkthroughs keinen vorgeschriebenen Regeln folgen und somit deren Ausführung praktisch jedem Team selbst überlassen ist, führen dazu, dass Walkthroughs – etwa im Vergleich zu Inspektionen – eine wesentlich geringere „Fehlerauflösungsquote" nachweisen können. Wiegers (2002) gibt beispielsweise an, dass Inspektionen in etwa 50 Prozent mehr Fehler pro tausend Zeilen Code ausfindig machen, als Walkthroughs.

Walkthroughs eignen sich also nicht unbedingt für Softwareprüfungen, bei denen es vor allem darauf ankommt, möglichst viele Fehler zu entdecken. Vielmehr sollten Walkthroughs vor allem dann eingesetzt werden, wenn das Hauptziel des Reviews darin besteht, andere über das vorliegende Produkt aufzuklären oder besser gesagt, zu unterrichten. In einem Walkthrough können mehr Beteiligte einbezogen werden, als dies sinnvoll in einer Inspektion der Fall sein kann. Walkthroughs vermögen jedoch nicht, den Teilnehmern klar zu machen, ob die Software auch unkommentiert leicht verständlich wäre oder das Verständnis nicht vielmehr von der Präsentation des Autors abhängt. In jedem Fall bergen Walkthroughs das Risiko der Beeinflussung der Beteiligten durch den Autor in sich.

2.3.4 Pair Programming

Das sogenannte Pair Programming ist ein wichtiger Bestandteil des Extreme Programming. Beim Pair Programming arbeiten immer zwei Entwickler gleichzeitig an der Umsetzung einer Anforderung in Code. Jede einzelne Zeile Code wird somit parallel von zwei Köpfen erdacht und geschrieben. Die Methode des Pair Programming stellt sicher, dass bereits im Verlauf der Codierung ein schrittweises Review stattfindet. Gewährleistet wird dies durch die Tatsache, dass immer nur ein Programmierer auch tatsächlich damit beschäftigt ist, den Code zu schreiben und der andere ihm dabei praktisch über die Schulter schaut. Da vier Augen mehr sehen, als zwei, können eventuelle Fehler direkt im Entstehungsprozess erkannt und sofort korrigiert werden. Pair Programming wird ebenfalls den informellen Review-Typen zugeordnet, da es sich neben seiner Unstrukturiertheit hauptsächlich durch den Verzicht auf eine Vorbereitung oder Dokumentation auszeichnet. Gleichzeitig lässt das Pair Programming die Beteiligung eines Außenstehenden, der nicht mit dem Code vertraut ist, gänzlich vermissen. Pair Programming wird im eigentlichen Sinn nicht als eine Form des Reviews angesehen. Vielmehr stellt es eigentlich eine Softwareentwicklungstechnik dar. Unbestritten ist jedoch die Tatsache, dass Pair Programming einen entscheidenden Anteil zur Verbesserung der Produktqualität beizutragen vermag. Pair Programming sollte jedoch nicht als einfacher Ersatz für traditionelle Reviews angesehen werden.

2.4 Auswahl der geeigneten Review-Methode

Nachdem nun einige Review-Methoden etwas ausführlicher dargestellt wurden, bleibt die Frage offen, wann welche Methode am geeignetsten eingesetzt werden sollte.

Hierbei gilt es zunächst, zu klären, welchem Risiko ein bestimmtes Produkt unterliegt. Wie groß ist also die Wahrscheinlichkeit, dass eine Software Fehler enthält, und welche Folgen werden diese Fehler haben. Nicht alle Fehler sind dabei gleich zu gewichten. In Abhängigkeit vom jeweiligen Kontext kann dabei ein kleiner, logischer Fehler (etwa eine falsche Schriftfarbe) eher vernachlässigbare oder fatale Folgen haben, wenn es sich nämlich um eine Software handelt, die beispielsweise im Zusammenhang mit dem menschlichen Leben steht.[16]

Im Laufe der Jahre haben Boehm und Basili (2001) herausgearbeitet, dass rund 80 Prozent aller Fehler in nur rund 20 Prozent der Module enthalten sind. Daneben gibt es zu beobachten, dass eine ganze Reihe von Faktoren existieren, die das Risiko einer Software erhöhen. Dazu gehören unter anderem die Nutzung neuer Technologien, Techniken oder Werkzeuge. Komplexe logische Algorithmen steigern ebenso die Fehleranfälligkeit von Software, wie Komponenten, die dazu bestimmt sind, wieder verwendet zu werden oder solche, die als Modell bzw. Template für andere Komponenten dienen.

Die Kombinationen informeller Review-Techniken mit Inspektionen stellt eine ausgezeichnete Strategie zur Qualitätserhöhung dar. So können bereits während der Aufnahme der Anforderungen eines Projektes in Zusammenarbeit mit den späteren Nutzern des Produktes durch informelle Reviews eine ganze Reihe von Fehlern schnell und vor allem kostengünstig ausgeschlossen werden. Nach Abschluss der Anforderungsanalyse sollte eine formelle Inspektion abgehalten werden, die wiederum Beteiligte auf Seiten der Auftraggeber einschließt. Die Inspektion zu einem solch frühen Zeitpunkt im Softwareentwicklungsprozess sorgt dafür, dass bereits jetzt eine ganze Reihe von Fehlern beseitigt werden konnten, die sich sonst durch das komplette Projekt fortgesetzt und dazu geführt hätten, dass beim zweiten Review ein Produkt impliziert worden wäre, das von Fehlern nur so strotzen würde. Neben der Tatsache, dass die Fehlerbeseitigung zu einem späteren Zeitpunkt wesentlich aufwändiger ausfallen würde, sollte an dieser Stelle auch der Kostenfaktor nicht außer Acht gelassen werden. Wie bereits ausgeführt, sind die Fehlerbehebungskosten umso geringer, je früher ein Fehler entdeckt wird. Bei der Auswahl der Review-Methode sollte jene Methode gewählt werden, welche die Erreichung der Ziele mit dem geringsten Kostenaufwand verspricht. Inspektionen sollten somit in jedem Fall für mit hohem Risiko behaftete Software-Bestandteile eingesetzt werden, während dessen für Komponenten mit einem geringeren Risiko durchaus auch informelle und damit kostengünstigere Review-Methoden ausreichend erscheinen. Um die Auswahl der geeignete Review-Methode für zukünftige Projekte zu erleichtern, empfiehlt es sich, bereits in der Vergangenheit durchgeführte Reviews auf deren Effektivität hin zu untersuchen und darüber Buch zu führen. Die gewonnen Erkenntnisse, beispielsweise dass sich Inspektionen besonders gut für die Prüfung des Software-Codes eignen, während dessen Team Reviews opder Walkthroughs vor allem für die Prüfung von

---

[16] Vgl. Wiegers / Peer Reviews in Software / 41

Dokumenten eingesetzt werden sollten, können ein ausschlaggebender Punkt für die zukünftige Auswahl geeigneter Review-Methoden sein.

Die Ausführungen im nun folgenden Abschnitt werden sich ausschließlich auf Inspektionen beziehen und somit versuchen, die formelle Art des Reviews zu betrachten.

3 Wie sind Inspektionen aufgebaut?

Die Grundlagen des Inspektionsprozesses wurden von Michael Fagan bereits in den neunziger Jahren bei IBM vorgestellt. Ziel war es, die Programm-Qualität und die Programm-Produktivität zu erhöhen. Ursprünglich exisitieren sieben Inspektions-Schritte. Auch, wenn sich der Inspektionsprozess im Laufe der Zeit verändert hat und nach wie vor Diskussionen darüber geführt werden, ob nicht bestimmte Schritte überflüssig sind, oder alle Rollen einer Inspektion wirklich besetzt werden müssen, sollte nicht vergessen werden, wie wichtig die Durchführung von Inspektionen ist und dass die Diskussion ob dieser Bedeutung in den Hintergrund treten sollte.

Dass es in einer Inspektion verschiedene Rollen zu besetzen gilt, wurde bereits mehrfach kurz angedeutet, soll an dieser Stelle jedoch ein wenig näher betrachtet werden.

3.1 Rollenverteilung einer Inspektion

Jedes Mitglied eines Inspektionsteams übernimmt während der Inspektion eine bestimmte Rolle. Die Rolle des Autors ist dabei unumstritten, denn Autor ist stets jene Person, die den Gegenstand der eigentlichen Inspektion erschaffen hat; nicht selten wird er daher auch als Besitzer bezeichnet.

Im Gegensatz zum Walkthrough, dessen Verlauf der Autor leitet, wird die dominierende Rolle in einer Inspektion stets vom sogenannten Moderator übernommen. Der Moderator arbeitet bereits im Vorfeld der Inspektion mit dem Autor zusammen, um die Inspektion zu planen. Daneben sorgt er während des Treffens dafür, dass die Diskussion nicht vom eigentlichen Thema abweicht und die Inspektion stets das gesetzte Ziel erreicht. Auf die Problematik des Moderators wird an späterer Stelle erneut eingegangen. Neben den bereits genannten Rollen existiert zusätzlich ein sog.

Vortragender bzw. Vorsitzender, dessen Aufgabe darin besteht, den anderen Beteiligten den Gegenstand der Inspektion näher zu bringen. Aufgabe des Schriftführers, auch Aktuar genannt, ist es, während der Review-Sitzung das Protokoll zu führen und somit, die gefundenen Fehler und Kommentare festzuhalten.[17]

Andere Beteiligte der Inspektion werden als Gutachter bezeichnet; sie müssen in der Lage sein, den Prüfling zu beurteilen. Der dafür notwendige Sachverstand kann sich auf verschiedene Aspekte, wie beispielsweise den technischen Inhalt oder die für die Erstellung eingesetzten Methoden beziehen.[18]

Am Ende der meisten Inspektionen wird ein Beteiligter festgelegt, der die Verantwortung für die Kontrolle der Nacharbeit des Autors zu tragen hat.
Sicherlich mag vor allem die Rolle der Vorlesenden umstritten sein. So sehen beispielsweise Gilb und Graham (1993) diese Rolle als nicht wichtig an, jedoch zeigen einige Erfahrungen, dass ohne eine Person, die das zu prüfende Objekt mit ihren eigenen Worten nochmals wieder gibt, eine Inspektion zwar schneller voran geht, jedoch gleichzeitig an Effektivität verliert.[19]

Die Problematik der Gruppengröße eines Inspektionsteams soll hier nur am Rande betrachtet werden. Grundsätzlich gilt die Maßgabe zwar alle wichtigen genannten Rollen eines Review-Teams zu besetzen, das beteiligte Team dabei aber gleichzeitig so klein wie möglich zu halten. In manchen Situationen wird es dazu notwendig, dass ein Teilnehmer der Inspektion mehr als eine Rolle übernimmt. Besonders geeignet erscheint dafür die Rolle des Aktuars, da diese Aufgabe in den seltensten Fällen als Vollzeitjob anzusehen ist.[20] Auf Darstellung weiterer Regeln der Inspektionsdurchführung wird an dieser Stelle verzichtet. Grundsätze der Rollenverteilung und weitere Vorschriften werden unter dem Punkt der möglichen auftretenden Hindernisse genauer betrachtet.

---

[17] Vgl. Frühauf, Ludewig, Sandmayr / Software-Prüfung / 87
[18] ebenda
[19] Vgl. Wiegers / Peer Reviews in Software / 47
[20] Vgl. Frühauf, Ludewig, Sandmayr / Software-Prüfung / 87

3.2 Prozessschritte einer Inspektion

Wie bereits erwähnt, lässt sich eine Inspektion in sieben Teilschritte untergliedern, die im folgenden näher betrachtet werden.

3.2.1 Die Planung

Der Autor initiiert die Planung einer Inspektion, indem er mitteilt, dass seine erstellte Software oder der von ihm erstellte Software-Bestandteil in Kürze für eine Inspektion zur Verfügung stehen würde. In einem ersten Schritt sollte ein Moderator für die Inspektion bestimmt werden. Gemeinsam mit dem Moderator bestimmt der Autor einige Mitarbeiter, von denen angenommen wird, dass sie im Inspektionsprozess einen wertvollen Beitrag leisten können. Daneben werden jene Komponenten ausgewählt, die einer speziellen Betrachtung unterzogen werden sollten. Zusätzlich zum Autor könnte hier auch das Team oder die Organisation einen bestimmten Teil zweckgebunden genauer untersuchen lassen wollen. Bezugnehmend auf historisch vorliegende Daten über Inspektionen schätzt der Moderator ab, welche Zahl an Inspektionen erforderlich sein wird, um das vorliegende Material zu prüfen. Dabei sollte beachtet werden, dass Inspektionssitzungen die Zeitdauer von zwei Stunden nicht überschreiten sollten, da die notwendige Konzentration über eine längere Dauer nicht aufzubringen ist.[21] Daneben ist der Moderator für die Einladung der anderen, an der Inspektion beteiligten Personen, verantwortlich. Gleichzeitig wird durch ihn die Inspektionssitzung und eventuell eine „Überblicks"-Sitzung organisiert. Im Rahmen der Inspektionsplanung werden zudem vom Autor in Zusammenarbeit mit dem Moderator alle notwendigen Unterlagen, wie beispielsweise den eingereichten Prüfgegenstand, unterstützende Dokumentationen oder Fehlerchecklisten, gebündelt und einige Tage vor dem eigentlichen Inspektionsmeeting an die Beteiligten verteilt.

---

[21] Vgl. Frühauf, Ludewig, Sandmayr / Software-Prüfung / 93

3.2.2 Der Überblick

Ziel dieser Phase ist es, die Inspektoren in die Lage zu versetzen, das Produkt aus verschiedenen Perspektiven zu betrachten, die es ermöglichen, Fehler ausfindig zu machen und die Ziele der Inspektion zu erreichen. Der Überblick über eine Inspektion wird oft dadurch erreicht, dass der Autor in einem informellen Meeting die wesentlichen Eigenschaften, Hintergründe und Inhalte, seiner Arbeit darzustellen versucht.

Falls es nötig sein sollte, kann der Moderator während dieses ersten Treffens den Inspektionsprozess zusammenfassen, um alle Beteiligten auf die kommenden Schritte vorzubereiten. Der Schritt der Überblicksverschaffung ist nicht zwingend erforderlich. Sofern der Autor nicht gewillt ist, ein solches informelles Treffen abzuhalten, kann er diesen Schritt umgehen, indem er eine kurze Beschreibung des Produktes zu jenen Unterlagen hinzu fügt, die bereits im Vorfeld des Inspektionsmeetings an alle Teilnehmer verteilt wurden. Sind die Teilnehmer bereits mit dem zu prüfenden Objekt vertraut, kann auch auf diesen Schritt verzichtet werden.

3.2.3 Die Vorbereitung

Die Fehlersuche oder besser das Finden von Fehlern beginnt bereits in der individuellen Vorbereitungsphase. Während der Vorbereitungsphase untersuchen alle Inspekteure das vorliegende Produkt mit dem Zweck, es zum einen zu verstehen und zum anderen mögliche Fehler oder Verbesserungsmöglichkeiten ausfindig zu machen. Den Inspekteuren stehen dabei eine ganze Reihe von Werkzeugen und Techniken zur Verfügung. Als ein sehr gebräuchliches Mittel hat sich eine Checkliste erwiesen, mit deren Hilfe Fehler entdeckt werden können, die in großer Häufigkeit in jeder Art von Prüfling auftreten, die es auch gerade zu untersuchen gibt. Neben Codierungs-Fehlern achten die Inspekteure vor allem darauf, dass der vorliegende Prüfling auch den an ihn gesetzten Anforderungen entspricht und dabei gängige Standards außer Acht lässt. Der Vorbereitungsphase kommt eine große Bedeutung zu. Sollte auf die Durchführung dieser Phase verzichtet werden, wird keine vollständige Inspektion, sondern lediglich ein Walkthrough durchgeführt.

3.2.4 Die Inspektionssitzung

Die Inspektionssitzung konzentriert sich auf das sammeln von Fehlern, basierend auf dem Verständnis der Inspekteure, dass diese während der Überblicks- und Vorbereitungsphase über den Prüfling erlangt haben. Im Verlauf der Sitzung wird das vorliegende Produkt den Beteiligten Stück für Stück durch den Vorlesenden näher gebracht. Nach Vorstellung eines Teilabschnittes besteht für die Inspekteure die Möglichkeit, Fehler aufzuzeigen, Fragen zu stellen, aber auch Kommentare zur vorliegenden Arbeit abzugeben. Der Protokollführer notiert dabei jeden potenziellen Fehler, jeden Vorschlag und dessen Zweck auf einem eigens dafür entwickelten Formular. Dieses Formular ist an den Autor adressiert und soll ihm bei der späteren Nacharbeit behilflich sein. Die Aufgabe des Moderators während des Meetings besteht darin, die Konstruktivität der Sitzung aufrecht zu erhalten und vom eigentlichen Ziel abweichende Diskussionen zu unterbinden. Am Ende einer Inspektionssitzung verfasst der Moderator einen Inspektionsbericht, um diesen an das Management weiterzuleiten. Alle an einer Inspektionssitzung Beteiligten sollten an deren Ende davon überzeugt sein, einen Beitrag zur Qualitätsverbesserung geleistet zu haben.

3.2.5 Die Nacharbeit

Die Inspektion endet keinesfalls mit dem Ende des Meetings. Der nächste Inspektionsschritt für den Autor besteht darin, jeden einzelnen Punkt auf der Checkliste des Meetings durchzugehen. Selbst, wenn nicht jeder Punkt die Notwendigkeit einer Änderung nach sich zieht, muss der Autor sicher stellen, dass er den Hintergrund des Vermerkes versteht und entscheiden, ob es sich um einen zu korrigierenden Fehler handelt, oder nicht. Jede nicht geänderte Stelle sollte dokumentiert werden, um mögliche zukünftige Aktionen zu gewährleisten. Ergebnis der Nacharbeitsphase ist ein korrigiertes Produkt und eine mit Markierungen versehene Fehlerliste.

3.2.6 Die Betrachtung

Eine Inspektion ist nicht eher abgeschlossen, als bis der Moderator entschieden hat, dass sie wirklich abgeschlossen ist. Am Ende der Inspektionssitzung wurde festgelegt, welche Änderungen am Prüfling mindestens vorzunehmen sind.

Im Rahmen der Folge-Betrachtung treffen der Moderator und der Autor zusammen, um sicherzustellen, dass alle Fehler zufriedenstellend korrigiert wurden. Die nachfolgende Betrachtung kann eine sogenannte Reinspektion beinhalten. Dies ist vor allem dann nötig, wenn sich das Team darüber einig ist, dass die Nachbearbeitung umfangreich genug ist um eine weitere Inspektion zu rechtfertigen.

3.2.7 Die Analyse

Ergebnis des Inspektionsprozesses ist nicht nur ein verbessertes Produkt, sondern auch eine Ansammlung gefundener Fehler. Eine Analyse dieser Fehler kann zwei Dinge bewirken. Zum einen trägt sie dazu bei, dass der Softwareentwicklungsprozess verbessert werden kann, in dem besonders darauf geachtet wird, künftig auftretende Fehler entsprechend zu vermeiden. Zum zweiten kann eine Analyse der gefundenen Fehler aber auch dazu beitragen, den Qualitätssicherungsprozess zu verbessern, in dem Fehler mit einer größeren Effizienz gefunden werden können. Die Analysephase wird vor allem von jenen Unternehmen gepflegt, die daran interessiert sind, den größtmöglichen Nutzen aus der Durchführung einer Inspektion zu ziehen.
Ein Aspekt der Fehleranalyse ist, die Wurzel – also den Ursprung – eines jeden Fehlers zu finden, um mit der gewonnenen Erkenntnis die bisherigen Arbeitsweisen zu verbessern.

Nachdem nunmehr alle wichtigen Rollen im Rahmen einer Inspektion erläutert wurden und zudem bereits die einzelnen Schritte im Inspektionsprozess bekannt sind, soll im Folgenden abschließend auf wichtige Inspektions- bzw. Review-Regeln eingegangen und die Frage nach möglichen Hindernissen geklärt werden. Die Ausführungen zu den Regeln eines Reviews beziehen sich dabei fast ausschließlich auf die Darstellung in Frühauf, Ludewig und Sandmayer (2004).

3.3 Wichtige Review-Regeln

Das Aufstellen fester Review-Regeln soll dazu beitragen den Rahmen des Reviews abzustecken und zudem helfen „negative gruppendynamische Effekte auszuschließen"[22].

Wie bereits kurz angedeutet, sollte eine Review-Sitzung die Zeitdauer von zwei Stunden nicht überschreiten. Hintergrund dafür ist, dass die nötige Konzentration nicht über einen längeren Zeitraum aufzubringen ist. Statt der Durchführung einer längeren Review-Sitzung empfiehlt es sich also eher eine zusätzliche Sitzung einzuberufen. Dem Moderator eines Reviews obliegt eine wichtige Aufgabe. Ein Großteil der Regeln ist von Moderator durchzusetzen. So obliegt es beispielsweise auch dem Moderator zu entscheiden, ob alle Beteiligten des Reviews ausreichend vorbereitet zur Sitzung erscheinen. Ist dies in den Augen des Moderators nicht der Fall, so kann die einberufene Sitzung abgebrochen werden.

Einer der wichtigsten Punkte im Verlauf eines Reviews ist die Tatsache, dass nicht der Autor zur Diskussion steht, sondern eben das Resultat seiner Arbeit. Um diesem Punkt Beachtung zu schenken, sollten alle Gutachter auf Ihre Ausdrucksweise dem Autor gegenüber achten. Daneben ist es dem Autor umgekehrt nicht gestattet sich oder den von ihm erstellten Prüfling zu verteidigen. Der Autor befindet sich während des Reviews im Übrigen in einer eher passiven Rolle. Er sollte die Sitzung aufmerksam verfolgen, Kritikpunkte überdenken und für die Beantwortung eventuell auftretender Fragen zur Verfügung stehen.

Da der Rolle des Moderators eine solch große Bedeutung zukommt ist es nicht empfehlenswert, dass der Moderator im Verlaufe einer Review-Sitzung gleichzeitig die Rolle eines Gutachters übernimmt. Sehr wohl besteht jedoch die Möglichkeit dem Moderator zusätzlich die Rolle des Schreibers zuzuweisen. Dies kann jedoch nur in absoluten Ausnahmefällen eine gute Lösung darstellen und erfordert zudem einen Moderator, der beiden Aufgaben gleichermaßen gewachsen ist.

---

[22] Frühauf, Ludewig, Sandmayr / Software-Prüfung / 94

Gegenstand der Review-Sitzung darf zu keiner Zeit die Diskussion von Lösungsansätzen sein. Im Mittelpunkt der Ausführungen aller Inspekteure haben ausschließlich gefundene Fehler oder Verbesserungsvorschläge zu stehen. Da es für den Moderator in den meisten Fällen nicht einfach sein wird diese Regel durchzusetzen, besteht die Möglichkeit einen zusätzlichen Prozessschritt in den Inspektions-Ablauf einzubinden, die so genannte „dritte Stunde".[23] Im Anschluss an die eigentliche Review-Sitzung wird den Beteiligten somit die Möglichkeit gegeben Lösungsideen in informellem Rahmen zu diskutieren und zudem ein Feedback zum vorangegangenen Review zu geben. Die „dritte Stunde" kann somit einen Großteil zur Verbesserung des Review-Prozesses im Unternehmen beitragen.

Neben der Tatsache, dass während einer Review-Sitzung jedem beteiligten Gutachter die Möglichkeit gegeben werden sollte seine Befunde angemessen darzustellen, ist die Protokollierung dieser Befunde von großer Bedeutung. Daneben sollten die einzelnen Befunde einer Gewichtung unterzogen werden. Handelt es sich beispielsweise um kritische Fehler, deren Vorhandensein den Prüfling für den vorgegebenen Zweck unbrauchbar macht oder etwa um Fehler, die den Nutzen des Prüflings kaum beeinflussen. Der größte Teil der gefundenen Defekte wird sich allerdings als Hauptfehler herausstellen, der die Nutzbarkeit des Prüflings beeinträchtigt und damit vor der Freigabe des Prüflings behoben werden sollte.

Die Review-Sitzung sollte mit der Unterzeichnung des Protokolls durch alle Beteiligten abgeschlossen werden.

3.4 Eventuelle auftretende Hindernisse

3.4.1 Die Führungsebene

Auf die wohl größten Hindernisse treffen Reviews im näheren Umfeld ihrer Durchführung und in der Unternehmenskultur. Befürwortern von Reviews schlägt hier nicht selten eine stark negative, von Vorurteilen geprägte, Grundhaltung entgegen.

Obwohl Manager in der Regel gewillt sind qualitativ hochwertige Produkte abzuliefern, stehen sie meist gleichzeitig unter großem Zeitdruck. Sie verstehen nicht in jedem Fall

---

[23] Vgl. Frühauf, Ludewig, Sandmayr / Software-Prüfung / 96

was Reviews überhaupt darstellen oder was diese zu leisten im Stande sind. Dieses Unwissen oder die Unwilligkeit sich mit dem Gegenstand eines Reviews zu befassen können und werden jedoch fatale Folgen für die Qualität und die Effizienz der durchgeführten Reviews haben. Eine negative Grundeinstellung des Management trägt nicht zur Motivation der beispielsweise an einer Inspektion beteiligten Mitarbeiter bei. Manager sollten also mehr über Reviews und deren Auswirkungen auf die Organisation lernen um Reviews von Anfang an in den festen Ablaufplan eines Projektes einzubeziehen und auch die Vorzüge von Reviews gegenüber den Angestellten zu kommunizieren.

Ohne die Unterstützung des Managements werden nur jene Mitarbeiter Reviews durchführen, die ohnehin von deren Vorzügen und deren Bedeutung bzw. deren Nutzen überzeugt sind.

Gelingt es den Mitarbeitern eines Unternehmens nicht, dass Management dazu zu gewinnen, Reviews vorbehaltlos zu unterstützen und deren Durchführen fest und vorgegebene Arbeitsanweisungen zu integrieren, wird es auf Dauer keine Chance geben Reviews wirklich effektiv einzusetzen. Das immense Nutzenpotential von Reviews kann somit zu keiner Zeit voll ausgenutzt werden.

3.4.2 Die Unternehmenskultur

Neben eventueller Vorurteile auf Management-Ebene können solche leicht auch auf Seiten der Angestellten entstehen und somit eine negative Grundeinstellung zu Reviews hervorrufen. Solche Vorurteile beruhen in den meisten Fällen auf Unkenntnis und daraus bedingten Ängsten. Entwickler, die nicht genau wissen, was in einem Review auf sie zukommen wird, werden dieser Form der Software-Prüfung eher kritisch gegenüber stehen.

Aufgabe des Managements ist es daher die Durchführung von Reviews als Selbstverständlichkeit zu kommunizieren und deren Vorzüge bzw. deren Nutzen herauszustellen. Mitarbeiter werden dann eher dazu bereit sein, ihre Schneckenhäuser zu verlassen und ihre Arbeitsergebnisse den Kollegen zur Prüfung zur Verfügung zu stellen. Dabei muss sich der Autor darauf verlassen können, dass seine Ergebnisse fair und fern ab jeglicher Vorbehalte gegen seine Person, beurteilt werden.

Entwicklern fällt es in der Regel schwer die eigene Arbeit aus der Hand zu geben und passiv deren Beurteilung durch Kollegen verfolgen zu müssen. Dieser Umstand sollte jedem Beteiligten an einem Review bewusst sein. Daher ist der bedachte Umgang mit dem Autor im Zusammenhang mit einem Review ein unbedingtes Muss. Gehen die Gutachter nicht sensibel genug mit ihrer Aufgabe um, führt dies nicht selten dazu, dass sich der Autor persönlich angegriffen fühlt und damit seine negative Einstellung zu Reviews noch weiter gestärkt wird.

Niemand macht gerne Fehler und niemand ist vollkommen unbeteiligt, wenn andere seine Fehler genau aufzeigen und protokollieren. Keine guten Voraussetzungen also für die Einführung von Reviews. Abhilfe kann hier nur ein Arbeitsumfeld schaffen, in dem ein Fehler keinen Gesichtsverlust für den Autor darstellt. Vielmehr muss der Lerneffekt eines Reviews und die Anregung des persönlichen Ehrgeizes im Vordergrund stehen. Nur wenn der Autor durch die Einführung von Reviews dazu gebracht wird verstärkt an der Erstellung qualitativ hochwertiger Software zu arbeiten, haben Reviews auf lange Sicht eine gute Chance zur Qualitätsverbesserung beizutragen.

Es sollte daneben sicher gestellt sein, dass neben dem Autor auch alle anderen am Review beteiligten Personen von den Ergebnissen des Reviews profitieren können. Mit der Analyse der aufgedeckten Fehler sollte selbstverständlich nicht die Bloßstellung des Autor sondern eine Erhöhung der Lerneffekte verfolgt werden. Dabei ist es selbstverständlich, dass die Unternehmensführung keine Daten missbraucht, die zur Beurteilung der Qualität der Arbeit erhoben wurden. Vielmehr werden Zusammenarbeit und gegenseitige Unterstützung der Entwickler gefordert und gefördert.

Nur eine Unternehmensleitung die das beschriebene Unternehmensumfeld oder besser die beschriebene Unternehmenskultur fördert wird langfristig dazu beitragen können, dass die Durchführung von Reviews ihren eigentlichen Zweck, also die Erhöhung der Produktqualität und damit die Einsparung großer Fehlerkostenblöcke, wird erfüllen können.

3.4.3 Die Beteiligten

Alle an einem Review beteiligten Personen tragen einen großen Teil zur problemlosen Durchführung von Reviews bei. Voraussetzung hierfür sind die Akzeptanz und die Einhaltung der bereits vorgestellten Regeln insbesondere für die Review-Sitzung.

Hierbei trägt der Moderator eine große Verantwortung. Mit seiner Person, speziell mit seiner Eignung für die im zugeteilte Aufgabe, steht und fällt das Review. Neben den allgemeinen Regeln der Sitzungsleitung sollte der Moderator zudem die Review-Technik beherrschen und mit den allgemeinen Gepflogenheiten der Software-Entwicklung vertraut sein.[24] Wird die „falsche" Person als Moderator eingesetzt kann ein Review kaum sein volles Potential abschöpfen. Es kommt unter Umständen zu unsachlichen Diskussionen, persönlichen Angriffen auf den Moderator oder endlosen wenig effektiven Sitzungen.

Bei der Bestimmung des Moderators sollte somit unbedingt auf die nötige Sorgfalt Wert gelegt werden. Es empfiehlt sich für die Unternehmensleitung eine ausreichende Anzahl geeigneter Moderatoren durch zusätzliche Schulungsmaßnahmen selbst auszubilden.

Nicht nur der Moderator trägt Verantwortung für die erfolgreiche Durchführung eines Reviews, auch die Gutachter sollten sich Ihrer Pflichten bewusst sein. Unzureichende Vorbereitung auf die Review-Sitzung oder persönliche Vorbehalte gegen den Autor tragen auf keinen Fall zu einer Verbesserung der Produktqualität bei.

Auf keinen Fall sollte zudem die ordnungsgemäße Protokollierung aller Fehler vernachlässigt werden. Ohne diese hat der Autor kaum eine Chance mit seiner Nacharbeit das Produkt entscheidend zu verbessern. Zudem stehen die Daten aus dem Review bei unzureichender Protokollierung später nicht für Fehleranalysen zur Verfügung.

Erst die Einhaltung aufgestellter Regeln durch alle Beteiligten kann also mögliche Hindernisse für Reviews aus dem Weg räumen. Angefangen vom Management über den Entwickler des Prüflings bis hin zum Gutachter kann jeder einen Teil zur erfolgreichen Durchführung von Reviews beitragen.

---

[24] Vgl. Frühauf, Ludewig, Sandmayr / Software-Prüfung / 106

4 Fazit

Abschließend lässt sich sagen, dass Reviews ein großes Potential haben die Qualität einer Software nachhaltig zu verbessern. Durch den korrekten und von allen Beteiligten akzeptierten Einsatz von Reviews als Prüfverfahren für Software kann ein Großteil der vorliegenden Fehler bereits in einer sehr frühen Phase des Entwicklungsprozesses entdeckt und verbessert werden. Die Fehler-Kosten können somit in einem Maße gesenkt werden, wie dies allein durch den Einsatz von Tests nicht möglich wäre.

Trotz einiger erheblicher Vorteile des Einsatzes von Reviews gegenüber dem Testen sollten dennoch immer beide Prüfverfahren zum Einsatz kommen um die Schwächen des Testens mit den Stärken des Reviews vergessen zu machen und umgekehrt.

Praktizierte Review-Typen lassen sich hinsichtlich ihrer formellen Gesichtspunkte unterscheiden wobei vereinfacht festgehalten werden kann, dass ein Review umso effizienter ist, je größer die formalen Restriktionen sind. Der erhöhte Aufwand für formale Reviews wie etwa die Inspektionen schlägt sich allerdings auch in den Kosten für den Einsatz solcher Review-Techniken nieder.

Reviews bedingen ein gut informiertes und positives Umfeld besonders im Management eines Unternehmens. Nur durch Einhaltung formaler Regeln und das Bewusstsein persönlicher Verantwortung für das Gelingen eines Reviews können Reviews wirklich zur Verbesserung der Software-Qualität und damit zur gewünschten Kosteneinsparung beitragen.

Literaturverzeichnis

Gilb, Graham / Software Inspection /
Tom Gilb, Dorothy Graham: Software Inspection 1993

Frühauf, Ludewig, Sandmayr / Software-Prüfung/
Karol Frühauf, Jochen Ludewig, Helmut Sandmayr: Software-Prüfung, Eine
Anleitung zum Test und zur Inspektion
5. Auflage, Zürich 2004

Wiegers / Peer Reviews in Software /
Karl E. Wiegers: Peer Reviews in Software, A Practical Guide 2002

o.V. / Software Inspektionen
o.V.: Software Inspektionen, http://www.software-kompetenz.de
Abruf vom 20. April 2005

Bergsmann / Spezifikations-Reviews
Dipl.-Ing. Johannes Bergsmann: Spezifikations-Reviews/-Inspektionen, Auf
effiziente Art Fehler finden und vermeiden, http://www.software-quality-lab.at
Abruf vom 20. April 2005

www.ingramcontent.com/pod-product-compliance
Lightning Source LLC
LaVergne TN
LVHW042311060326
832902LV00009B/1424